www.ingramcontent.com/pod-product-compliance
Lightning Source LLC
LaVergne TN
LVHW010416070526
838199LV00064B/5323
9789358726213

مہینوں کی کہانیاں

(معلوماتی مضامین)

حبیب ابراہیم

© Taemeer Publications LLC

Mahinou ki KahaniyaaN

by: Habeeb Ibrahim

Edition: May '2024

Publisher :

Taemeer Publications LLC (Michigan, USA / Hyderabad, India)

ISBN 978-93-5872-621-3

9 789358 726213

مصنف یا ناشر کی پیشگی اجازت کے بغیر اس کتاب کا کوئی بھی حصہ کسی بھی شکل میں بشمول ویب سائٹ پر اَپ لوڈنگ کے لیے استعمال نہ کیا جائے۔ نیز اس کتاب پر کسی بھی قسم کے تنازع کو نمٹانے کا اختیار صرف حیدرآباد (تلنگانہ) کی عدلیہ کو ہو گا۔

© تعمیر پبلی کیشنز

کتاب	:	**مہینوں کی کہانیاں** (مضامین)
مصنف	:	**حبیب ابراہیم**
صنف	:	غیر افسانوی نثر
ناشر	:	تعمیر پبلی کیشنز (حیدرآباد، انڈیا)
سالِ اشاعت	:	۲۰۲۴ء
صفحات	:	۴۴
سرورق ڈیزائن	:	تعمیر ویب ڈیزائن

تعارف

اردو زبان میں بچوں اور طالب علموں اور نئے پڑھے لکھے بالغوں کے لئے کتابوں کی بہت کمی ہے۔ اور اس سمت میں جو بھی کوشش کی جائے وہ قابل قدر ہے۔

یہ کتاب مہینوں کی کہانیاں ایک دلچسپ انداز میں طلبہ کی معلومات میں اضافہ کے لئے تالیف کی گئی ہے۔ مصنف نے کوشش کی ہے کہ زبان جہاں تک ممکن ہو سہل اور سادہ رہے اور کہانیوں کو تصویروں کے ساتھ آراستہ اور دیدہ زیب بنایا جائے۔ میں انکی اس کاوش پر ان کو مبارکباد دیتا ہوں اور توقع رکھتا ہوں کہ وہ خاص اپنے مضمون حیوانات سے متعلق بھی اردو میں دلچسپ اور مفید کتابیں مرتب کرینگے۔ اس موضوع پر بھی باتصویر اور

معلومات آفریں کتابیں اردو میں کم ہیں۔ اور ادارے کی طرف سے
ڈاکٹر مہندر راج سکسینہ صاحب سے آج سے پچیس سال قبل جیوتش پر ایک
کتاب لکھوا کر شائع کرائی گئی تھی جو اتنی مقبول ہوئی کہ اسکے کئی ایڈیشن
اب تک چھپ چکے ہیں۔ مجھے یقین ہے کہ مہینوں کی کہانیاں بھی مقبول ہونگی اور
نوجوان مصنف کی ہمت افزائی کا باعث بنے گی۔ اور کشمیر سے عہد حاضر میں
اردو ادب کی جو کتابیں چھپ رہی ہیں ان میں ایک مفید اضافہ ثابت ہوگی

سید محی الدین قادری زور

۱۵/ دسمبر ۱۹۶۱ء

حرفِ اول

مجھے بچوں کی کہانیوں سے ہمیشہ دلچسپی رہی ہے۔ اس کا مطلب یہ نہیں کہ میں بچوں کے لئے کچھ لکھتا رہا ہوں، بلکہ میں خود ان کی کہانیوں کو بڑے ہی شوق و انہماک سے پڑھا کرتا ہوں۔ میں نے بہت ساری کہانیاں پڑھی ہیں، لیکن بہت ہی کم کہانیاں ایسی ہیں جو بچوں کے عام معلومات میں اضافہ کا باعث بنیں۔

اتفاق کی بات کہیے کہ میری نظر سے کہیں یہ گزرا کہ مہینوں کے نام یونانی دیوتاؤں اور رومی شہنشاہوں کے نام پر رکھے گئے ہیں۔ مجھے یہ خیال ہوا کہ کیوں نہ مہینوں کی کہانیاں لکھدوں تاکہ بچوں کیلئے مفید ثابت ہوں۔ ان کہانیوں کے مواد کے لئے میں سی کیا ونس کی کتاب دی اسٹوریز آف منتھس اینڈ ڈیز (THE STORIES OF MONTHES AND DAYS) اور انسائیکلوپیڈیا کا محتاج رہا ہوں۔

حتی الامکان میری یہ کوشش رہی ہے کہ زبان بہت ہی آسان اور سلیس ہو۔ ان کہانیوں کے پڑھنے سے نہ صرف مہینوں کے نام رکھنے کی وجہ اور ان کی تاریخی اہمیت کا اندازہ ہوتا ہے، بلکہ پرانے زمانہ کے رومیوں اور یونانیوں کی زندگی کے بعض مناظر آنکھوں کے سامنے آجاتے ہیں۔

میں بزرگِ محترم عالی جناب ڈاکٹر سید محی الدین قادری زور صدر شعبہ اردو جامعہ کشمیر و معتمد اعزازی ادارۂ ادبیاتِ اردو حیدرآباد کا مشکور ہوں کہ انہوں نے اس کتاب کی طباعت کا انتظام ادارۂ ادبیاتِ اردو سے کروایا۔

میں اپنے آرٹسٹ دوست کے۔ وٹھل راؤ صاحب کا شکریہ ادا کرتا ہوں جن کے قلم نے اس کتاب میں دلکشی و دیدہ زیبی پیدا کی۔

حبیب ابراہیم

۱۰ - ۱۲ - ۶۱ء

پوسٹ گریجویٹ ڈیپارٹمنٹ آف زوالوجی
جموں اینڈ کشمیر یونیورسٹی
سرینگر۔ کشمیر

وقت اور اس کی تقسیم

ہم انگلیوں کی پوروں پر مہینوں کے نام گن لیتے ہیں۔ لیکن بہت ہی کم بچوں کو ان ناموں کے رکھنے کی وجہ معلوم ہو گی۔ ایسا تو نہیں ہوا ہو گا جیسے کسی کے ہاں بچہ ہوا اور بڑے بوڑھے نام رکھنے کے لئے دوڑ پڑے اور جو من میں آیا نام رکھ دیا۔ مہینوں کے نام چند خاص وجوہات کی بنا پر رواج پائے ہیں۔

آپ نے جغرافیہ میں پڑھا ہے کہ زمین اپنے محور کے اطراف گھومتی ہے جس کی وجہ سے زمین پر ایک خاص مدت کے لیئے کبھی اندھیرا اور کبھی اجالا پھیلا رہتا ہے۔ وہ تمام وقت جب کہ اجالا رہتا ہے "ڈے" (DAY) کہلاتا ہے "ڈے" یعنی دن کے معنی "روشنی" ہے اور وہ تمام وقت جب کہ دنیا تاریکی کا لحاف اوڑھی رہتی ہے نائیٹ (NIGHT) یعنی رات کے نام سے موسوم ہے۔ لیکن بعد میں سورج

کے ایک بار طلوع ہونے سے دوسری بار کے طلوع ہونے تک کی مدت کو "ڈے" یا "دن" کہنے لگے۔ یونان کے لوگ سورج کے ایک بار کے غروب سے دوبارہ کے غروب ہونے کی مدت کو دن کہتے تھے۔ اہل روم ایک نصف شب سے دوسری نصف شب تک کی مدت کو، اور بابلی سورج کے پہلے طلوع سے دوسرے طلوع تک کی مدت کو دن کہتے تھے۔ تو اس طرح دن، وقت کے پیمانہ کی بنیادی اکائی ہوئی۔ ایسے ہی جیسے ناپ تول کی بنیادی اکائی رتی کہلانے لگی۔

ہر چیز، ہر بار رتی ہی سے تول کر ساری عمر گنوائی نہیں جاسکتی۔ نہیں بلکہ اوزان کے لیے بڑے پیمانوں کی بھی ضرورت ہوتی ہے۔ دن کی مدت بھی چھوٹی ہے۔ اس لیے پرانے زمانہ کے پڑھے لکھے لوگ اس سوچ بچار میں تھے کہ کچھ بڑی اکائیاں بھی بنائیں، تاکہ بڑی مدت کا اندازہ کرنے میں آسانی ہو۔ ان لوگوں نے رات کے اندھیرے میں کبھی اجالا بھی دیکھا۔ آخر اس تبدیلی کی وجہ کیا ہوگی ــــ؟ ضرور وہ ہمارے چندا ماما ہی کی ذات ہے۔ لوگوں نے

ہر رات چندا ماما کو بڑے غور سے دیکھا۔ کبھی یوں ہوتا ہے کہ ایک رات چندا ماما کی شکل ناخن جیسی رہتی اور پھر آہستہ آہستہ بڑھتی چلی جاتی۔ اور ایک رات ایسی بھی آتی کہ چندا ماما کی دودھ جیسی چاندنی سے یہ دھرتی جگمگا اٹھتی اور اس رات ان کی شکل بالکل گول روٹی کی طرح ہوتی۔ پھر یہ آہستہ آہستہ اپنی شکل بدلنے لگے، یہاں تک کہ ایک دو راتوں میں انہیں دیکھنا مشکل ہوتا ہے۔ پھر یہ اپنی پہلی ناخن والی شکل اختیار کرلیتے ہیں۔ لوگوں نے اس تمام مدت کو اپنی بنائی ہوئی اکائی دن کے حساب سے جب گنا تو معلوم ہوا کہ ساڑھے انتیس (29½) دن کی یہ جملہ مدت ہوتی ہے۔ اور ان لوگوں نے اس مدت کو مون (MOON) ہی کی مناسبت سے مونتھ (MOONTH) کہا جو بعد میں کثرت استعمال سے منتھ (MONTH) ہوگیا۔ اردو میں منتھ کو مہینہ یا ماہ کہتے ہیں جو مہ یا ماہ (چاند) سے نسبت رکھتا ہے۔

انسانی دماغ ہمیشہ کام کرتا رہتا ہے؛ جیسا کہ آج بھی کرتا ہے۔ نئی نئی باتیں سوچی جاتی ہیں، جیسے آج چندا ماما کی سیر وقت کا اہم اور دلچسپ مسئلہ بنی ہوئی ہے۔ پرانے زمانہ کے لوگ آخر ہمارے ہی آباواجداد تھے۔ وہ وقت کو

ناپنے کے بارے میں مسلسل غور و فکر کرتے رہے اور وقت کی کچھ اور بڑی اکائیاں بنانے کی ٹھانی۔ اور سچ ہے جو اپنی مدد کرتا ہے خدا اسکی مدد کرتا ہے۔ چند مہینے ایسے ہوتے ہیں کہ بغیر پنکھوں کے رہا نہیں جاتا۔ پسینہ ہے کہ بہے جاتا ہے۔ باہر نکلو تو لو کے تھپیڑوں سے جان بچانا مشکل یہ حالت چند ماہ کے لئے رہتی ہے، اس کے بعد بارش شروع ہوئی تو اللہ کی پناہ۔ ندی نالے ہیں کہ ایک ہوئے جا رہے ہیں۔ سارے زمانہ کے کام بند پڑے ہیں۔ یہ حالت بھی چند ماہ ہی رہی۔ پھر دنیا نے وہ پلٹا کھایا کہ ہر طرف سبزہ زار نظر آنے لگا۔ چمن اور باغ پھلوں اور پھولوں سے لد گئے۔ ہرے ہرے کھیت لہلہا رہے ہیں۔ لیکن کوئی حالت ایسی نہیں، جو باقی رہے۔ یہ بہار کے سہانے دن بھی ختم ہوئے اور پھر گرمی نے اپنا زور دکھانا شروع کیا۔ لوگوں نے ایک موسم گرما سے دوسرے موسم گرما تک کی مدت کو گنا تو پتہ چلا کہ یہ بارہ ماہ کی ہے۔ اس بارہ مہینوں کی مدت کو ایئر (YEAR) کہا گیا جسے اردو میں سال کہتے ہیں۔

جب دن، ماہ اور سال کے وجود میں آنے کے متعلق معلوم ہو چکا تو اب اس کی کوشش ہوئی کہ مہینوں کی پہچان کے لئے الگ الگ نام رکھے جائیں۔ ان ناموں کے پیچھے بہت ساری دلچسپ کہانیاں ہیں۔

کہتے ہیں کہ آج سے ہزاروں سال پہلے رومی اور یونانی بے شمار دیویوں اور دیوتاؤں پر ایمان رکھتے تھے۔ ان کا خیال تھا کہ ہر ایک سے کسی نہ کسی کام کا تعلق تھا۔ اور اس کو خوش رکھنے سے ہی کامیابی ہوتی ہے۔ بہت سارے مہینوں کے نام ان لوگوں نے دیوی یا دیوتاؤں کے نام پر رکھے ہیں۔

جنوری

روم کے لوگ جے نس (JANUS) کو دروازوں اور پھاٹکوں کا دیوتا مانتے تھے۔ چونکہ دروازے اور پھاٹک گھر کی ابتداء ہوا کرتے ہیں، اس لئے ان لوگوں کا اعتقاد تھا کہ ہر کام کی ابتداء اسی کے نام سے ہونی چاہیئے۔ اسی مناسبت سے سال کے پہلے مہینہ کا نام اس دیوتا کے نام پر جے نوریس (JANURIS) رکھا گیا، جو بعد میں جنوری ہو گیا۔ اس مہینہ میں رومی جے نس کی پوجا پاٹ کیا کرتے تھے اور اس کے نام پر اچھے اچھے کھانوں اور میوؤں کی بھینٹ چڑھاتے تھے۔

اہل روم اپنے ہر دیوتا کی تصویر بنایا کرتے تھے۔ جو ان کے کام کی مناسبت سے ہوا کرتی تھی۔ جے نس کی تصویر بحیثیت دروازوں کے دیوتا کے بنائی گی تو اس کے دو داڑھی والے چہرے بنائے گئے۔ اس کے ایک چہرہ کا رخ آگے کی طرف اور دوسرے کا رخ پچھلی طرف تھا۔ شائد اس کا مطلب یہ تھا کہ وہ

گھر کے باہر اندر دونوں طرف نظر رکھتا ہے۔ اور اس کے ایک ہاتھ میں عصا اور دوسرے میں کنجی تھمادی گئی تھی۔ جب روم کے مصوروں نے پھر ایک بار جے نس کی تصویر بحیثیت سال کے دیوتا کے بنائی تو انہوں نے ایک ہاتھ میں (۳۰۰) اور دوسرے میں (۶۵) کا ہندسہ تھما دیا۔ (۳۶۵) دن ایک سال کے ہوتے ہیں۔

جے۔نس سورج دیوتا اپالو کا لڑکا تھا۔ روم کی سات پہاڑیوں میں سے ایک پہاڑی کا نام جے نیوسلم ہے اور اس پہاڑی پر جے نس کا مندر ہے۔ رومیوں کا اعتقاد تھا کہ جے نس کے ذمہ شہر روم کی فصیل کے تمام دروازوں اور کھڑکیوں کی نگرانی تھی۔ خاص طور پر ان دروازوں کی جس سے رومی فوج میدانِ جنگ جاتی اور لوٹتی۔

کہتے ہیں کہ بعد میں اس دروازہ پر جس۔ سے فوج میدان جنگ جاتی، ایک مندر بنا دیا گیا۔ یہ مندر چوکور ہے۔ ہر ایک دیوار میں ایک دروازہ اور تین کھڑکیاں بنائی گئیں تھیں۔ اس طرح مندر کے چار دیواروں میں چار دروازے اور بارہ کھڑکیاں ہوئیں۔ چار دروازے سال کے چار موسم اور بارہ کھڑکیاں، بارہ مہینوں کی نمائندگی کرتے ہیں۔ زمانۂ جنگ میں اس مندر کے تمام

دروازے کھول دیئے جاتے ، تا کہ لوگ مندر میں پوجا پاٹ کریں اور قربانیاں دیں۔ تمہیں یہ جان کر حیرت ہوگی کہ روم کے ساڑھے سات سو سال کی تاریخ میں اس مندر کے دروازے صرف تین مرتبہ تھوڑی سی مدت کے لئے بند کئے گئے تھے۔

فبروری

فبروری لاطینی زبان کے لفظ فبریوری (FEBRURAE) سے لیا گیا ہے۔ جس کے معنی "پاک کرنا یا صاف کرنا" کے ہیں قدیم زمانہ میں فبروری سال کا آخری مہینہ تھا، لیکن بعد میں اسے دوسرا بنا دیا گیا۔

کہتے ہیں کہ پلیٹا ین اہل (PALATINE HILL) کی چٹان میں ایک غار ہے۔ یہ پہاڑی روم کی سات پہاڑیوں میں سے ایک ہے۔ رومیوں نے اس غار میں لیو پریکس (LUPRICAS) دیوتا کا ایک مجسمہ کھڑا کر دیا تھا، جو مینڈھے کے چمڑے میں لپٹا ہوا تھا۔ لیو پریکس بہار اور کثرت پیداوار کا دیوتا مانا جاتا تھا۔ روم کے لوگ اس مہینہ کی پندرہ تاریخ کو اس دیوتا کے اعزاز میں ایک عظیم الشان تہوار مناتے تھے اور بھیڑوں و کتوں کی بھینٹ چڑھاتے تھے۔ پادری بھیڑ کے چمڑے کے تسمے بنا کر منہ میں پکڑے ہوئے شہر کے گلی کوچوں میں بھاگتے پھرتے۔ جو کوئی بھی راستہ میں آتا،

پادری انہیں تسموں سے مارتے تھے۔ قدیم زمانہ میں یہ تہوار چرواہے منایا کرتے تھے۔ جن کا اعتقاد تھا کہ تسموں کو منہ میں پکڑ کر بھاگنا شہر کو بلاؤں اور بیماریوں سے پاک وصاف کرتا ہے۔ اس تہوار کا صرف یہ مطلب تھا کہ شہر کو بلاؤں اور بیماریوں سے پاک کیا جائے۔ اس تہوار ہی کی مناسبت سے مہینہ کا یہ نام رکھا گیا۔

جہاں رومی پاکی وصفائی کا تہوار اس مہینہ کی پندرہ کو مناتے، وہیں انگریز اس تہوار کو اسی مہینہ کی دوسری کو دھوم دھام سے مناتے۔ سارے گرجاؤں میں دوشیزہ میری (VIRGIN MARRY) کے اعزاز میں شاندار دعوت ہوتی اور مشعلوں کا ایک عظیم الشان جلوس نکالا جاتا اس تہوار کو کینڈل ماس (CANDLE MASS) یعنی "مشعلوں یا موم بتیوں کا ہجوم" کہتے ہیں۔ یہ کہاوت بھی آج تک چلی آتی ہے کہ مشعلوں کے جلوس کے دن والے موسم کا اندازہ لگا کر آنے والے سال کے موسم کی پیش قیاسی کی جاتی ہے۔

جنگ کا دیوتا مارس

مارچ

پرانے زمانہ میں مارچ سال کا پہلا مہینہ تھا۔ لیکن بعد میں اسے تیسرا بنا دیا گیا ہے۔ اور اس مہینہ کا نام جنگ کے دیوتا مارس (MARS) کے نام پر رکھا گیا ہے۔ مارس دیوتا، جیوپیٹر اور جونو کا لڑکا تھا۔ رومی جیوپیٹر کو دیوتاؤں کا بادشاہ اور جونو کو ملکہ مانتے تھے۔

مارس چونکہ جنگ کا دیوتا ہے، اس لئے چترکاروں نے جب اس کی تصویر بنائی تو اسے جنگی لباس سے آراستہ کیا۔ چمکتا ہوا آہنی زرہ بکتر، سر پر طرہ دار ٹوپی، ایک ہاتھ میں بھالا اور دوسرے میں ڈھال۔ رومیوں کا یہ اعتقاد تھا کہ جنگ کے دیوتا کے رتھ کی نگرانی جنگ کی دیوی بیلونا (BELLONA) کرتی ہے۔ مارس زمین پر ہونے والی جنگوں میں بذاتِ خود حصہ لیا کرتا ہے۔

رومیوں کا مذہب و ایمان تھا کہ سارے دیوتا لافانی یعنی کبھی نہ مرنے والے ہوا کرتے ہیں۔ لیکن اگر وہ چاہیں تو زمین والوں سے شادی بیاہ کے ناطے جوڑ سکتے تھے۔ ایک بہت ہی دلچسپ

کہانی جنگ کے دیوتا مارس کے متعلق مشہور ہے۔ مارس کی خواہش تھی کہ وہ ایلیا نامی لڑکی سے شادی کرے۔ ایلیا گرجا میں مقدس آگ کو جلانے کا کام کیا کرتی تھی۔ یہ آگ رومیوں کے ہاں امن وسلامتی کی نشانی سمجھی جاتی اور اسے کبھی نہ بجھنے دیا جاتا تھا۔ اور ان تمام لڑکیوں کو جو اس آگ کی نگرانی کرتی تھیں شادی کرنے کی اجازت نہ تھی۔ مارس اور ایلیا نے مذہبی قانون سے مجبور ہو کر خفیہ شادی کرلی۔ لیکن جب ایلیا کو دو لڑکے رومیولس (ROMULUS) اور ریمس (RAMUS) ہوئے تو یہ شادی راز نہ رہ سکی۔ مذہبی قانون کی روشنی میں ایلیا کو زندہ دفن کر دیا گیا اور دونوں لڑکوں کو جنگل میں وحشی درندوں کے رحم وکرم پر چھوڑ دیا گیا۔ لیکن جسے اللہ رکھے اسے کون چکھے۔ ایک بھیڑیئے نے ان دونوں معصوم جانوں کو اٹھا لیا اور اپنے بچوں کی طرح پالا پوسا۔ جب دونوں بھائی بڑے ہو کر تنومند جوان ہوئے تو قسمت آزمائی کے لیے جنگلوں میں نکل پڑے۔ جنگلوں میں گھومتے ہوئے ایک وادی میں جا نکلے وادی کی خوبصورتی نے بھائیوں کے پیر تھام لئے۔ دونوں بھائیوں کو یہ خواہش ہوئی کہ اس حسین وادی میں ایک خوبصورت شہر کی تعمیر کی جائے۔ خیال کا آنا تھا کہ تعمیر شروع کر دی۔

لیکن ابھی شہر کی فصیل مکمل بھی نہ ہونے پائی تھی کہ بھائیوں میں اس بات پر لڑائی ہو گئی کہ شہر کا نام کیا رکھنا چاہیئے۔ دونوں کی خواہش تھی کہ شہر اپنے نام سے مشہور ہو۔ بات بڑھتے بڑھتے خونریزی تک آپہنچی۔ رومیوس نے آپے سے باہر ہو کر ریمس کو مار ڈالا۔ اور پھر اس نے شہر کی تعمیر تنہا جاری رکھی۔ چند ہی دنوں میں ایک قافلہ وہاں پہونچا جس کی مدد سے رومیولس نے شہر کی تعمیر مکمل کر لی۔ اور شہر کا نام اپنے نام پر روم رکھا۔

اس مہینہ کا نام مارس کے نام پر رکھنے کی وجہ یہ ہے کہ اس مہینہ میں سورج کی تمازت وگرمی جنگ کے دیوتا مارس کے مزاج سے مناسبت رکھتی ہے۔

☆☆☆

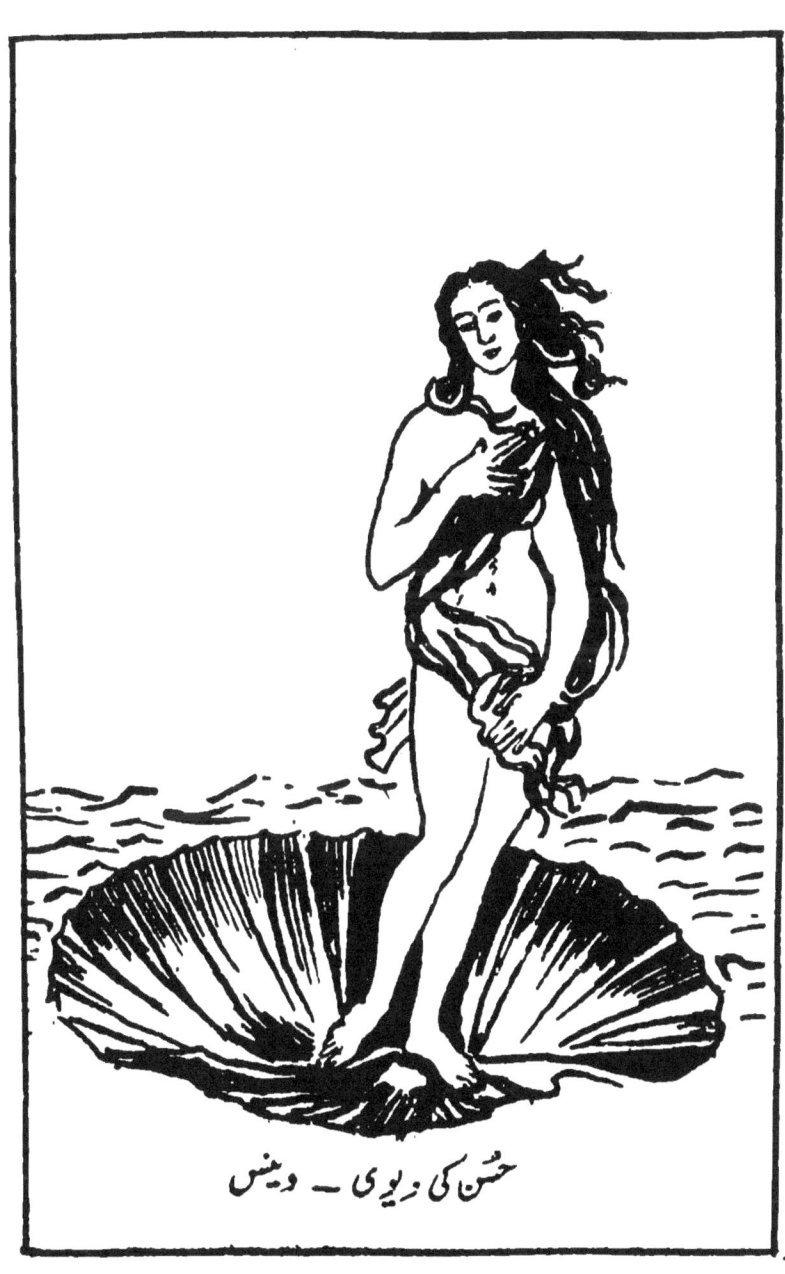

حسن کی دیوی ۔ وینس

وینس کو حسن کی دیوی کہا جاتا ہے۔ یہ سمندروں
کی جھاگ سے بنی ہے۔

فنکاروں نے وینس کے جنم لینے کا جو تصور قائم
کیا ہے وہ اس تصویر میں دکھایا گیا ہے۔

اپریل

اپریل لاطینی زبان کے لفظ اپری رائری (APRERIRE) سے بنا ہے جس کے معنی شروع کرنا یا ابتداء کے ہیں۔ سرد ملکوں میں اپریل کے مہینہ سے موسم بہار کی ابتداء ہوتی ہے۔ سردیوں اور برف باری کی گہری نیند کے بعد موسم جاگ اٹھتا ہے درختوں پر ہری ہری کونپلیں اور سبز پتے نکل آتے ہیں کلیاں چٹک چٹک کر رنگ برنگے پھول بن جاتی ہیں۔ سورج کی گرم کرنوں سے پہاڑوں پر کی برف پگھل پگھل کر ندیوں کو جوانی بخشتی ہے۔ آبشار اپنے ترانے زور و شور سے الاپنا شروع کر دیتے ہیں۔ پرندے درختوں پر چہچہاتے ہیں۔ بلبل کے گیت سنائی دیتے ہیں۔ یوں کہئے کہ موسم اپنی نئی زندگی کی ابتداء کرتا ہے۔

ایک خیال یہ بھی ہے کہ اپریل دراصل اپھیروڈائیٹ APHERODITE سے بنا ہے۔ اپھیروڈائیٹ حسن کی دیوی وینس VENUS کا

یونانی نام ہے۔ دینس کے متعلق کہا جاتا ہے کہ وہ سمندروں کی جھاگ سے بنی ہوئی ہے تب ہی تو اتنی حسین ہے۔ چونکہ اپریل ایک حسین موسم کی ابتداء کرتا ہے، اس لئے اس مہینہ کا نام حسن کی دیوی کے نام پر رکھا گیا۔

انگریز اس مہینہ کو الیسٹر منتھ (EASTER MONTH) کہتے تھے اور اسی مہینہ میں ایسٹر ڈے (EASTER DAY) مناتے ہیں۔ اس دن بڑی بڑی دعوتیں ہوتی ہیں۔ لوگ ایک دوسرے کو رنگ برنگے انڈوں کا تحفہ دیا کرتے ہیں۔ چونکہ تحفہ نئے موسم بہار کی خوشی میں دیا جاتا ہے۔ اس لئے لوگوں کی نظر انتخاب انڈوں پر پڑی چوزندگی کی ابتداء ہوتی ہے۔ اور یہ رسم آج بھی عیسائی گھروں میں چلی آرہی ہے۔

مئی

یونانی مئی (MAi) کو میدانوں کی دیوی مانتے تھے۔
دیوتاؤں کا پیام رساں مرکیوری اسی کا بیٹا تھا۔ یونانی اس مہینے کی پہلی تاریخ کو مئی دیوی کے اعزاز میں جشن مناتے تھے اور جانوروں کے بھینٹ چڑھایا کرتے تھے۔ اس لئے اس مہینہ کا نام مئی دیوی کے نام پر مئی رکھا گیا۔

مئی دیوی اٹلس دیوتا کے سات لڑکیوں میں سے ایک ہے اٹلس دیوتا بہت ہی دیوقامت تھے جو اپنے بازؤں پر آسمان کو اٹھائے رکھتے تھے۔ مئی دیوی اور ان کی چھ بہنوں کے متعلق ایک پر لطف کہانی مشہور ہے۔ کہتے ہیں کہ ساتوں بہنیں جادو کے زور سے فاختہ بنا دی گئی تھیں۔ اور جب یہ ساتوں بہنیں اڑتے اڑتے آسمانی بلندیوں پر پہنچ گئیں تو وہاں ستاروں میں تبدیل ہو گئیں۔ یہ ستارے آج بھی ایک جھمگٹے کی صورت میں نظر آتے ہیں۔ کہتے ہیں کہ قدیم زمانے میں یہ ستارے بڑے

ہی چمکدار تھے لیکن ٹرائے کی جنگ کے بعد ان کی چمک مدھم پڑ گئی یہ بھی کہا جاتا ہے کہ ان سات ستاروں میں سے ایک ستارے کی روشنی نسبتاً کم ہے۔ جس کی وجہ یہ ہے کہ ان سات بہنوں میں سے چھ بہنوں نے دیوتاؤں سے شادی کی تھی اور ایک بہن نے دنیا کے آدمی سے — اور مدھم روشنی اُسی بہن کی ہے جس نے انسان سے شادی رچائی تھی۔

مئی سرد ملکوں میں موسم بہار کا مہینہ ہوتا ہے۔ ہر طرف سبزہ ہی سبزہ بکھرا رہتا ہے۔ مویشی چارہ کی کثرت کی وجہ دن میں تین تین مرتبہ دودھ دیتے ہیں۔ شائد اس لئے انگریزوں نے اس مہینہ کا نام (TRIMILCHI) یعنی "سہ وقتی دودھ" رکھا ہے۔

جون

اس مہینے کا نام دیوتاؤں اور انسانوں کے شہنشاہ جیوپیٹر کی بیوی ملکہ جونو (JUNO) کے نام پر ہے۔ رومی اس مہینے کو شادی بیاہ کے لئے متبرک مہینہ سمجھتے تھے اور چونکہ جونو شادی بیاہ کی دیوی تصور کی جاتی تھی اس لئے اس مہینہ کا نام جونو کے نام پر جون رکھدیا۔

جونو بہت ہی خوبصورت تھی۔ سرو سا قد، قیمتی رنگین ملبوسات اور سر پر چمکتا ہوا تاج۔ جونو نہ صرف حسین تھی بلکہ اس کا پسندیدہ جانور بھی ایک حسین جانور تھا جسے مور کہتے ہیں۔ کہتے ہیں کہ مور کے دم پر جو آنکھ کی شکل کے حلقے ہیں دراصل جونو کے ملازم کی آنکھیں ہیں۔ جونو کا ایک ملازم تھا جو بہت ہی وفادار اور محنتی تھا۔ اس کے ان گنت آنکھیں تھیں۔ وہ کبھی بھی اپنی ساری آنکھیں بند کر کے نہیں سوتا تھا۔ ایک مرتبہ جونو نے اسے ایک گائے کی حفاظت کرنے کا کام سپرد کیا۔ گائے اصل میں

ایک خوبصورت لڑکی تھی، جسے جیوپیٹر نے گائے میں تبدیل کر دیا تھا۔ اور اب اسے اپنی بیوی کی نگرانی سے نکال کر اپنے ہاں لے جانا چاہتا تھا۔ جیوپیٹر نے یہ کام اپنے قاصد مرکیوری کو سونپا۔ مرکیوری ایک شام گھومتا ہوا، جونو کے ملازم کے ہاں آیا ادھر ادھر کی گپیں ہانکنے لگا۔ پھر اسے اچھی اچھی کہانیاں سنانی شروع کیں۔ کہانیوں کی مٹھاس سے اس کی آنکھیں موندنے لگیں۔ جب جونو کا ملازم سب ہی آنکھیں بند کیئے سو گیا تو مرکیوری نے تلوار سے اس کا گلہ کاٹ دیا اور گائے کو لے کر چلتا بنا۔ جونو کو جب اس واقعہ کا علم ہوا تو اسے بڑا ہی رنج و غم ہوا اور اپنے وفادار ملازم کی نشانی کے طور پر اس کی ساری آنکھیں چن کر اپنے پسندیدہ جانور مور کے دم پر بکھیر دیں۔

جولیس سیزر

جولائی

قدیم زمانے میں یہ سال کا پانچواں مہینہ تھا اور کوانیٹیلس (QUINTALLIS) کہلاتا تھا۔ لیکن جب سنہ ۴۴ ق۔م میں روم کے مشہور سورما اور شہنشاہیت روم کے بانی جولیس سیزر کے اعزاز میں سال کے کسی مہینے کا نام رکھنا طے ہوا تو لوگوں کی نظرِ انتخاب اس مہینے پر پڑی جس کی وجہ یہ تھی کہ اس مہینے کے بارہویں دن جولیس سیزر پیدا ہوا تھا۔

جولیس سیزر کی بہادری اور شجاعت کے کارناموں سے تاریخِ روم بھری پڑی ہے۔ اس کے سپاہیانہ جوہر کی وجہ سے اٹلی، فرانس، اسپین اور آفریقہ کا بہت سارا حصہ رومی سلطنت کے زیرِ نگیں آگیا تھا۔ رومی جمہوریت اور شخصی آزادی کے دلدادہ تھے۔ جمہوریت کی خاطر اپنے خون کا آخری قطرہ تک بہا دینے سے گریز نہ کرتے تھے۔ حکومت کے انتظامات دو سبھاؤں کے ذمے تھے جن کے اراکین کو عوام چنا کرتے تھے۔ عوام کی

اس جمہوریت پسندی اور شہنشاہیت سے نفرت کی وجہ جولیس سیزر جیسا سورما اپنی شہنشاہیت کا اعلان کرنے کی جسارت نہ کر سکا۔

اور جب ایک عوامی میلہ میں روم کے فوجی جنرل اور سیزر کے رفیق کار نے تین مرتبہ سیزر کو تاج پیش کیا تو اس نے تینوں مرتبہ انکار کر دیا۔

سیزر نہ صرف ایک بہادر سپاہی تھا بلکہ بڑا عالم اور سیاس بھی تھا اس نے روم کی ترقی کے بہت سارے منصوبے بنائے تھے۔ لیکن وہ ایک سازش میں قتل ہوا اور اسے اتنی مہلت نہ ملی کہ وہ ان منصوبوں کی کاغذی تصویروں کو حقیقت کی جیتی جاگتی تصویروں میں بدلتا۔

رومی تین جولائی سے گیارہ اگست کو سال کا گرم ترین حصہ تصور کرتے اور اسے ڈاگ ڈیز (DOG DAYS) یعنی "کتے کے دن" کہتے تھے۔

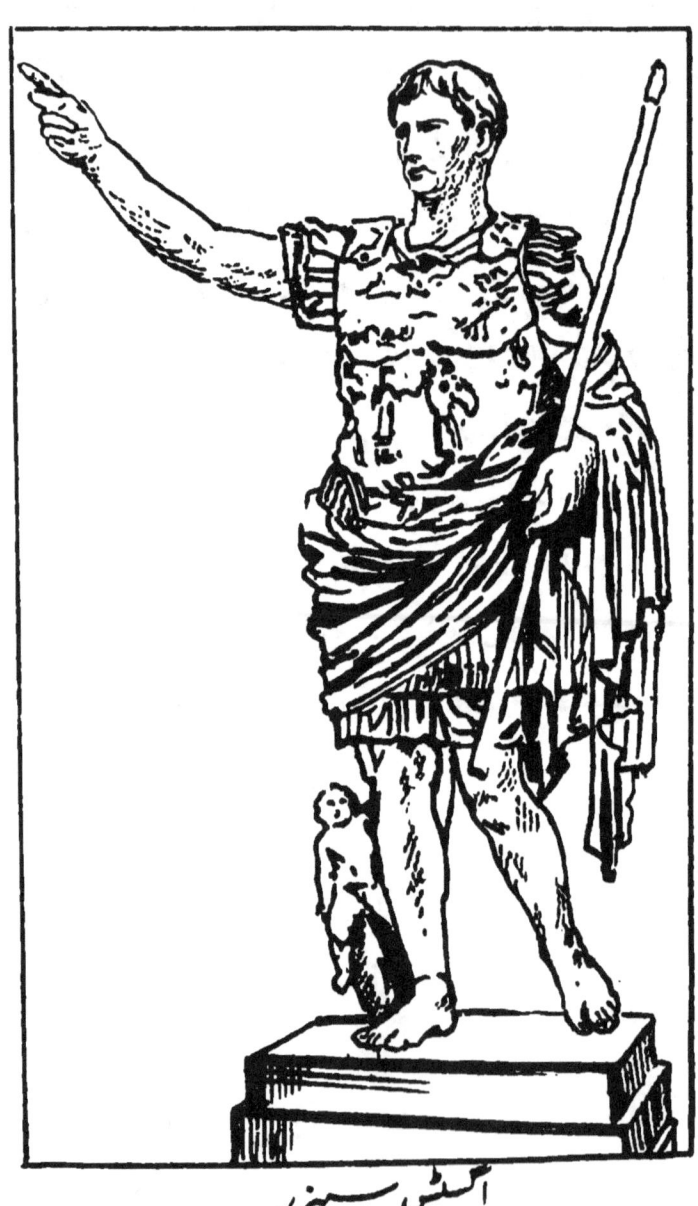

اگسٹس سیزر

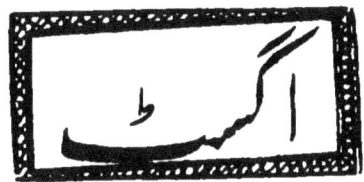

اگسٹ

قدیم زمانہ میں اگسٹ سال کا چھٹا مہینہ تھا۔ اسی لئے سیکسٹائیلس (SEXTILIS) کہلاتا تھا۔ لیکن شہنشاہ روم اگسٹس کے زمانہ میں اس مہینہ کا نام بدل کر اس کے نام پر اگسٹ رکھا گیا۔

اگسٹس، جولیس سیزر کا لے پالک (متبنیٰ بیٹا) تھا۔ سیزر کے قتل کے بعد بھلا اگسٹس کو سازشی کیسے حکمران تسلیم کر لیتے تھے۔ لیکن اگسٹس، جس کی تربیت سیزر جیسے فولادی انسان کے ہاں ہوئی تھی، زمانہ کے آگے اپنے سر کو جھکا دینے پر آمادہ نہ تھا۔ چند جاں نثاروں کو ساتھ لیکر اگسٹس نے بہت سارے معرکہ سر کیئے۔ بڑی بڑی جنگیں لڑیں اور اسے فتح و کامیابی حاصل ہوئی۔ یہاں تک کہ روم کا بادشاہ بن بیٹھا۔

جب رومیوں نے اپنے اس شہنشاہ کے نام پر کسی مہینہ کا نام رکھنا چاہا تو سال کے چھٹے مہینہ کو چن لیا۔ جس کی وجہ یہ تھی کہ

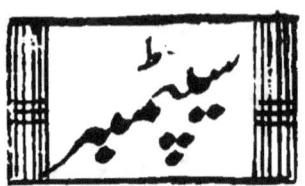

سپٹمبر

ابتدا میں یہ سال کا ساتواں مہینہ تھا اور اس لئے سپٹمبر (SEPTEMBER) سے (SEVENTH) نام رواج پایا۔ یہ سال کا ایسا مہینہ ہے، جس کا نام نہ کسی دیوتا کے نام پر رکھا گیا ہے نہ کسی شہنشاہ کے نام پر۔

اس مہینہ میں کوئی خاص مذہبی یا سماجی تہوار نہیں منائے جاتے تھے۔ لیکن یونانیوں کی طبیعت سے یہ کبھی امید نہ تھی کہ وہ پورا ایک مہینہ خاموشی سے گھروں میں گزار دیتے مختلف چھوٹی چھوٹی تقریبات ہوتی رہتی تھیں۔ اس مہینہ میں اکٹین گیمس (ACTIAN GAMES) کی تقریب امتیازی حیثیت رکھتی تھی۔ اس کی ابتدار ایک بحری لڑائی سے شہنشاہ روم اگسٹس نے جب روم کے فوجی جنرل انٹونی سے ایک معرکہ خیز بحری لڑائی کے بعد کامیابی حاصل کی تو اس مسرت میں کھیل کود کے مقابلے منعقد کروائے تھے۔

رومی ان مقابلوں کو ہر سال منعقد کیا کرتے تھے۔

رومی جہاں سیاست و حکمت، سائنس و فلسفہ کے ماہر تھے، وہیں کھیل کود اور سیر و تماشہ کے بھی دلدادہ تھے۔ یہ لوگ ہر چھ تھے سال اولمپک گیمس منعقد کرتے تھے، جو پانچ دنوں تک جاری رہتے ہیں۔ یہ گیمس یونانی دیوتاؤں کے حکمران جیوپٹر کے اعزاز میں مناتے تھے۔ اولمپک گیمس کے مقابلے آج بھی ہر چھ تھے سال بڑے بڑے ملکوں کے شہروں میں باری باری سے منعقد کئے جاتے ہیں۔

انگریز اس مہینہ کو "بارلی کا مہینہ" کہتے تھے اس لئے کہ بارلی کی فصل اس مہینہ میں تیار ہو جاتی ہے۔

اکٹوبر

چونکہ یہ مہینہ ابتداء میں سال کا آٹھواں مہینہ تھا۔ اس لئے اکٹیو (OCTAVE) یعنی آٹھ سے اکٹوبر نام رواج پایا۔

کہتے ہیں کہ اس مہینہ میں یونانی زراعت یا فصلوں کی دیوی سیریس (CERES) کے اعزاز میں یونان کے صدر مقام ایتھنز سے بارہ میل دور ایک مقام پر شاندار جشن مناتے تھے۔ یونانی زراعت کی دیوی کو ڈیمیٹر (DEMETER) کہتے تھے۔ رومیوں اور یونانیوں کا یہ ایمان تھا کہ فصلوں کی نگہداشت کی ذمہ دار یہی دیوی تھی۔

اس مہینہ کو پرانے زمانہ میں انگریز ونٹر فائلیتھ (WINTER FYLLETH) یعنی "سرما کے پورے چاند" کا مہینہ کہتے تھے۔ شائد اس کی وجہ یہ ہے کہ اس مہینہ کے پورے چاند سے سرما کا آغاز ہوتا ہے۔

نومبر

اس مہینہ کا نام بھی کسی دیوتا، شہنشاہ یا کسی ہیرو کے نام پر نہیں رکھا گیا ہے۔ ابتداء میں چونکہ یہ سال کا نواں مہینہ تھا اس لئے نائنتھ (NINTH) سے نومبر نام رواج پایا۔

نومبر کی نو تاریخ کو اہلِ یونان بہت بڑا جشن مناتے تھے۔ یہ جشن نہ صرف انسانوں کے بلکہ دیوتاوں کے حکمران جیوپیٹر کے اعزاز میں منایا جاتا تھا۔ کہتے ہیں کہ جیوپیٹر بڑا ہی سخت اور اصول کا پابند تھا۔ اگر کسی دیوتا سے غلطی سرزد ہو جاتی تو اسے بھی سزا دینے سے دریغ نہ کرتا تھا۔ اور اس کے فرمان کے آگے دیوتاؤں کو بھی سرِ تسلیم خم کرنے کے سوائے کوئی چارہ نہیں تھا۔ اس کا حکم دیکھتے ہی دیکھتے اپنا کام کر جاتا تھا۔

جیوپیٹر کی اصول پسندی کے متعلق ایک قصہ مشہور ہے۔ بیلروفن (BELLERPHON) نامی کوئی سورما یونانی شہنشاہ کے دربار میں عزت و آبرو سے رہا کرتا تھا شہنشاہ نے اس کے ذمہ ایک

بہت ہی خطرناک بھوت کو قتل کرنے کا کام سونپا۔ اس بھوت کا سر چیتے کا، جسم بھیڑ کا اور دم سانپ کی سی تھی جب سانس چھوڑتا تو منہ سے آگ کے شعلے لپکتے تھے۔ جب اس بھوت کا احوال بیلیروفن کو معلوم ہوا تو وہ بہت پریشان ہوا اور اس نے سوچا کہ انسانی طاقتیں بھلا اس بھوت پر کیا اثر کرینگی۔ اسی سوچ بچار میں جنگلوں میں بھٹکتا رہا قسمت نے یاوری کی اور اس کی ملاقات عقل و ذہانت کی دیوی منروا سے ہوگئی۔ جب منروا کو یہ تمام قصہ معلوم ہوا تو اس نے ترکیب بتائی کہ کسی نہ کسی طرح سمندری دیوتا کے گھوڑے پر قابو کر لیا جائے۔ اور ایک زریں زین بھی دی۔ اس زین کی خصوصیت یہ تھی کہ گھوڑے کی پشت پر رکھتے ہی گھوڑا غلام ہو جاتا تھا۔ بیلیروفن کو کچھ ہمت بندھی، اور وہ گھوڑے کی تلاش میں نکلا۔ سمندری دیوتا کا گھوڑا عقاب کی طرح آسمانی بلندیوں میں تیرتا تھا اور کبھی کبھی پانی پینے کے لئے زمین پر اترا کرتا تھا اتفاق سے بیلیروفن کی نظر گھوڑے پر پڑ گئی۔ بس کیا تھا، بیلیروفن نے اس کی پشت پر پھرتی سے چھلانگ لگا دی۔ گھوڑا بھی بلا کا کایاں تھا، اس نے فضاؤں میں تیرنا شروع

کر دیا اور لگا دولتیاں جھاڑنے تاکہ سوار گر جائے۔ لیکن یونانی سورما نے گھوڑے کی پشت پر زین کسی طرح رکھ دی۔ گھوڑے کی پشت پر زین کا رکھنا تھا کہ وہ اپنی ساری چوکڑیاں بھول گیا۔ سمندری دیوتا کے گھوڑے پر بیٹھ کر بیلیروفن نے اس وحشتناک بھوت کا خاتمہ کر ڈالا جس سے ایک عالم ڈرتا تھا۔ اور شہنشاہی دربار سے انعام و اکرام کا حقدار بنا۔ لوگوں میں عزت و مرتبہ حاصل کیا اور وقت کا سورما کہلانے لگا۔ سچ یہ ہے کہ انسان ایک حالت میں کبھی نہیں رہتا۔ شہرت و عزت کا نشہ بیلیروفن کے سر پر چڑھ گیا۔ غرور و تکبر سے سینہ پھول گیا اور دماغ بہکنے لگا جب گھوڑے پر سوار ہو کر آسمانوں کی سیر کرتا تو خود کو دیوتا سے کم نہ سمجھتا تھا۔ شیطان نے اور ہوا دی۔ وہ گھوڑے پر بیٹھا آسمانی بلندیوں پر اڑتا ہوا یہ سوچنے لگا کہ کیوں نہ وہ بھی دیوتاؤں کی بستی اولمپس کی پہاڑیوں میں جا بسے اور دیوتا بن بیٹھے۔ اس خیال فاسد کا آنا تھا کہ جیوپیٹر کو غصہ آ گیا۔ اور اس نے ایک کیڑے کو حکم دیا کہ جاؤ اور سمندری گھوڑے کو ایسے کاٹو کہ وہ تکلیف سے قلابازی کھا جائے، اور وہ مغرور انسان آسمانی بلندیوں سے گر کر زمین کی پستیوں میں گم ہو جائے۔ دیوتاؤں کے حکمران کا فرمان صادر ہوئے ابھی ایک لمحہ بھی گزرنے نہ پایا کہ بیلیروفن اپنے کیفر کردار کو پہنچ گیا۔

حضرت یسوع مسیح

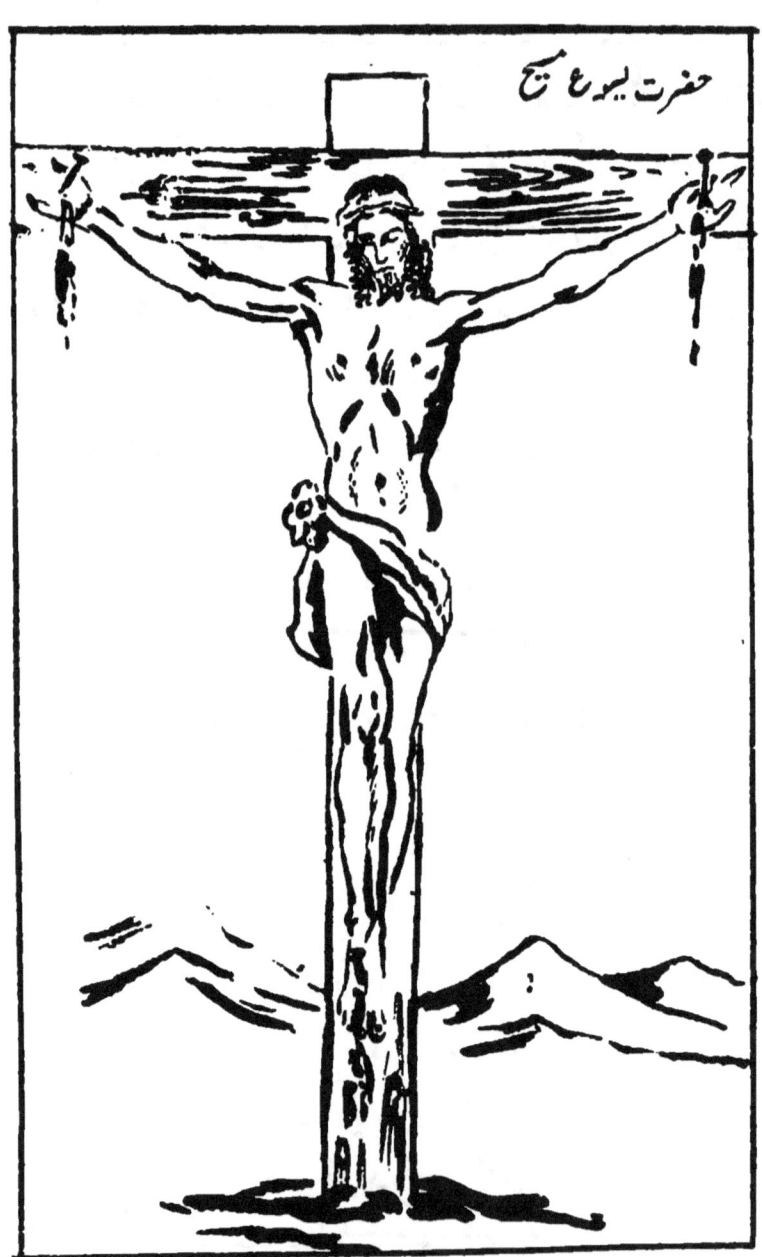

ڈسمبر

ڈسمبر جو اب سال کا بارہواں مہینہ ہے، ابتدائی زمانہ میں دسواں مہینہ تھا۔ اس مہینہ کا نام بھی نہ کسی یونانی دیوتا کے نام پر اور نہ کسی رومی شہنشاہ کے نام پر تجویز کیا گیا ہے۔

اس مہینہ کے ساتویں دن رومی سیٹورن (SATURAN) کے اعزاز میں عظیم الشان تہوار مناتے تھے۔ سیٹورن کا لڑکا جیوپیٹر تھا۔ جو یونانی دیوتاوں کا حکمران تصور کیا جاتا تھا۔ یہ مشہور ہے کہ سیٹورن کے اور چھ بھائی تھے جو یورانس (URANUS) یعنی "آسمان" اور گییا (GAIA) یعنی "زمین" کی اولاد تصور کئے جاتے تھے۔ شاید یونانی عقیدہ کے مطابق آسمان (باپ) اور زمین (ماں)، ہی سے انسانی نسل پیدا ہوئی ہے۔

ایک اور جشن اس مہینہ کے پچیسویں دن منایا جاتا تھا، جو موسم سرما کی شدت میں کمی کی خوشی میں ہوتا تھا۔ اس دن سے سورج کی تمازت میں کسی قدر اضافہ ہوتا ہے اور

دن قدر سے بڑھتا ہے۔

عیسائی اسی دن حضرت عیسیٰ علیہ السلام کا یوم پیدائش مناتے ہیں۔ قدیم زمانہ میں عیسائیوں کے مختلف فرقے ڈسمبر کے مختلف دنوں میں یسوع مسیح کا یوم پیدائش مناتے تھے لیکن یکسانیت کے لئے سارے فرقوں نے پچسویں دن کو منتخب کر لیا۔ شاید اس کی وجہ صرف یہ تھی کہ اس دن سے سورج کی حرارت سے کائینات سرد نیند سے بیدار ہونا شروع ہوتی ہے۔ اسی طرح حضرت یسوع مسیح کی پیدائش، کفر کے اندھیاروں میں سورج کی سی روشنی اور حرارت لے آئی۔ اور قوموں کی زندگی میں بہار کا باعث بنی۔

انگریز اس مہینہ کو یا تو" ہواؤں کا مہینہ" یا" مقدس مہینہ" کہتے تھے۔"مقدس مہینہ" کہنے کی یہ وجہ تھی کہ عیسیٰ علیہ السلام کی پیدائش ڈسمبر کے مہینہ میں ہوئی ہے۔